LETTRE

DE M. L'ABBÉ COTIN,

A M. MONCRIF,

DE L'ACADEMIE FRANÇOISE.

Il ne faut point mettre un ridicule où
il n'y en a point , c'eſt corrompre ſon
jugement & celui des autres : mais le
ridicule qui eſt quelque part , il faut l'y
voir , l'en tirer avec grace , & d'une ma‑
niere qui plaiſe & qui inſtruiſe.

LA BRUYERE.

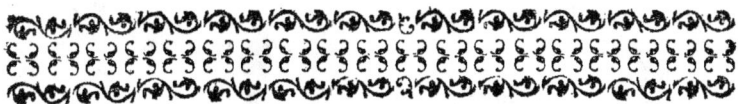

LETTRE

DE M. L'ABBE' COTIN

A M. MONCRIF,

DE L'ACADEMIE FRANÇOISE.

Avec quelques Remarques de l'Editeur.

Aux Champs Elyfées ce 15 Octobre 1744.

QUE nous étions fâchés, mon cher Ami, de votre oifiveté plus qu'Académique ! Nous craignions que par votre long filence, & par l'inaction de vos ingénieux Confreres, le langage fimple & fans art ne prît le deffus, que le ftile uni, fans voile, fans détour, fans fel épigrammatique, ne redevînt à la mode, comme dans le fiecle de Louis XIV. où par l'exemple contagieux d'un Peliffon, d'un Buffi, &c. tous les efprits étoient émouffés.

Votre nouveau Livre, qui a pour titre *Oeuvres mélées tant en profe qu'en vers*, a fait heureufement ceffer nos allarmes. Pour peu qu'il foit lû, peut-il manquer d'accréditer ce goût charmant, qui vous diftingue entre tous les Ecrivains modernes, qui vous met au-deffus des Anciens, & qui n'a pour ennemis que les Partifans ridicules de l'infipide bon fens, & de la triviale intelligibilité ?

Dès que votre Recüeil parut ici, tous mes amis s'emprefferent de le lire. Nous avons en ces bas lieux un beau Cabinet de verdure tout entouré de fleurs, où nous nous raffemblons, & qui nous rappelle le délicieux Hôtel de Ramboüillet. J'y préfide fous les heureux aufpices d'une illuftre Ombre femelle, qui ne voit que des Ombres mafculines comme moi. C'eft-là que s'attroupent Pradon, Faret, Liniere, Bonnecorfe, Colletet. Avec quelles délices nous relifons conftamment les Ouvrages de nos anciens & dignes Confreres,

A

d'un Porcheres d'Arbaud , d'un Colomby , d'un Baro , d'un Priézac (*a*) !

Avant que vous euffiez donné au Public vos *Oeuvres mêlées*, je fongeois à vous écrire , pour vous témoigner mon eftime & ma reconnoiffance. Puis-je en effet ne pas être flatté de voir que vous prenez fi bien mon goût ? N'eft-il pas bien doux pour moi de me retrouver dans vos Ouvrages , d'y reconnoître l'héritier de mes talens & de mon heureux génie, enfin de revivre en vous ? Non-feulement vous avez attrapé mon efprit ; mais vous vous attachez à ne faire précifement que des Ouvrages du même genre que les miens. Nous avons tous les deux publié des Oeuvres mêlées tant en profe qu'en vers (*b*) : vous avez fait des Differtations comme moi : j'ai compofé des Enigmes & des Odes comme vous (*c*) : nous avons enfanté chacun un Poëme fur l'Amour (*d*) : nous avons enfin tous deux écrit contre la Critique (*e*). La conformité de nos talens & de nos productions nous a procuré le même honneur, une place à l'Académie Françoife, qui en nous adoptant a fait voir que fon choix eft toujours éclairé.

Vos *Oeuvres mêlées* font à mon gré, ce que vous avez fait de plus digne de vous & de moi. Rien ne m'échappe dans ce charmant Recüeil. J'admire jufqu'à la jufteffe du titre : car foit qu'on envifage en général la difpofition & la diverfité des Piéces qui compofent ce petit Livre d'or , foit que l'on confidére l'élegante confufion & l'ingénieux defordre des penfées de chaque Piéce en particulier , jamais Recüeil ne mérita mieux le titre d'*Oeuvres mêlées*. Donner au Public de tels Ouvrages , c'eft rappeller la mémoire des miens. Quelles graces dans le ftile ! Quelle folidité dans les penfées !

Je voudrois furtout avoir fait la Differtation , où vous prétendez

_____

(*a*) Je ne fçais par quelle fatalité ces quatre Auteurs , qui étoient de l'Académie Françoife , font inconnus.

(*b*) Voyez la note de Broffette fur le Vers 60. de la Sat. 111. de Defpreaux.

(*c*) Recüeil des Poëfies de l'Abbé Cotin , imprimé chez le Petit.

(*d*) Il y a une difference entre ces deux Poëmes , celui du maître ayant pour objet l'amour Divin , & celui du difciple l'amour profane.

(*e*) L'Ouvrage de l'Abbé Cotin a pour titre *Jugement defintereffé fur les Satyres du tems* , & celui de M. Moncrif *De l'efprit critique*.

prouver que les Romans qui ne renferment qu'un merveilleux fur-
naturel, ne doivent pas être appellés *Ouvrages d'imagination.* Jufqu'à préfent quelque mépris qu'on ait eu pour de tels Romans, on
n'avoit pas laiffé de les regarder comme des productions de cette
faculté de l'ame. Auffi un Ouvrage n'étoit pas eftimable précifement parce que l'imagination l'avoit enfanté ; mais on en faifoit cas
à proportion que l'invention en étoit heureufe , & qu'il étoit femé
de traits ingénieux. Illufion , erreur ! Votre Differtation a paru
pour renverfer les idées que depuis tant de fiecles on s'étoit formées
à ce fujet. Sans les heureufes découvertes qu'elle renferme, auroit-
on pû diftinguer les productions informes d'un cerveau déréglé
d'avec les fictions agréables , intéreffantes ou inftructives ? On
n'auroit pas plus eftimé Fontenelle que Bergerac (*a*).

Les gens de Lettres qui viennent ici, ne manquent jamais de
nous régaler de tous les Ouvrages nouveaux & furtout des leurs,
dont la plûpart font auffi infatués qu'ils l'étoient fur la terre. Il eft
affez fingulier de les voir quelquefois en fe promenant effrayer les
autres Ombres par leurs geftes & leurs grimaces, & de les entendre
réciter avec une ridicule emphafe des lambeaux de leurs Ecrits.
Encore les Ombres qui les écoutent ne feroient-elles pas à plaindre,
fi la plûpart de ces Auteurs étoient de votre force. Mais qui peut
fupporter Vertot & Rollin ? Que leur façon d'écrire eft infipide !

Nous confervons ici le même goût que nous avions fur la terre.
(Les éloges que je vous donne en font une preuve.) Nous avons les
mêmes inclinations , le même caractere, & nous nous livrons conftamment à nos anciennes habitudes. Le Janfénifte déchire pieu-
fement toutes les Ombres Moliniftes ; le Jefuite le lui rend avec in-
terêt , & rode autour du trône de Pluton & de Proferpine ; le petit
Maître voltige dans des bofquets de Myrte ; le Financier offre des
vœux à Plutus ; l'Orgueilleux demi-quart de fçavant dédaigne
l'efprit & les talens ; la Coquette s'efforce de plaire par des grimaces
étudiées ; le mauvais Comédien brave les fifflets ; fa jaloufie cabale
encore contre fes Confreres, qui l'ont fait vivre en l'effaçant.

Pour moi je ne fuis fenfible qu'à ce qui fe paffe dans la Républi-

(*a*) Ce n'eft pas fans raifon que l'Abbé Cotin met Cyrano de Bergerac à côté de
M. de Fontenelle , puifqu'on trouve dans la *Pluralité des Mondes* , plufieurs traits em-
pruntés du *Voyage dans la Lune.* Il eft vrai que ces folles idées , forties du boüillant cerveau de Bergerac , ayant été temperées à un jufte dégré par la fage imagination de M.
de Fontenelle , elles font acquis avec un furcroit d'agrément un heureux air de nouveauté.

que des Lettres. Une petite brochure de quatre pages m'occupe plus
que dix batailles perduës ou gagnées. J'apprends par cœur les énig-
mes & les logogriphes qui ornent le Mercure; je nourris mon éloquence des harangues de Collége; je médite fur les Mémoires de
l'Académie des belles Lettres de Paris, qui valent au moins ceux
de l'Académie de Troyes; je lis avec exactitude les Journaux des
Sçavans & de Trevoux, où je m'apperçois que les fuccefleurs de
Salo & de Tournemine (*a*), ont fubftitué à l'art d'analyfer & de
réfléchir l'art de deffiner des Guillemets; j'interroge enfin les ingénieux oracles des Caffés, à mefure qu'ils arrivent ici, & furtout
nos Confreres les Académiciens. Que d'Ouvrages nouveaux dont
le genre étoit inconnu de mon tems, comme des Livres galans ou
burlefques de Mathematique & de Phyfique; des Comédies qui
font pleurer à chaudes larmes, des Tragédies conftruites rifible-
ment, des Odes où il eft démontré clair comme le jour, que le bon
fens eft étranger à la Poëfie ?

Les Lettres vont fans doute faire de nouveaux progrès en France,
depuis que la Critique littéraire en eft bannie. Plût à Dieu que de
mon tems on l'eût auffi regardée comme un crime capital ! Que fes
effets font pernicieux ! Corrompre le goût, répandre les ténébres,
accréditer l'ignorance, troubler le repos d'un pauvre Auteur, empoifonner les plaifirs que lui ménage fa vanité ! La Critique n'eft-
elle donc pas le fléau de la Litterature, l'ennemie des bonnes mœurs,
l'écueil de la réputation des grands Ecrivains ? C'eft un aiguillon
d'autant plus dangereux, qu'une main habile fçait cacher fa pointe
fous une délicate enveloppe : la Critique littéraire, contraire enfin
aux Loix de l'équité naturelle & de la charité chrétienne, eft la
pefte d'un Etat. Pardonnez ma vivacité; j'avoüe que je fuis un
peu déclamateur : mes difcours & mes longues Préfaces laiffent
entrevoir ce défaut, qui eft (à ce que me dit l'autre jour le grand
Pradon) le feul qui regne dans mes œuvres.

Permettez-moi de vous faire remarquer en ami, que votre *Differtation fur les Ouvrages d'imagination* renferme deux chofes de
trop : premierement, le Conte de Fée que vous avez compofé, dites-
vous, pour faire voir qu'une froide & ftérile imagination peut aifé-
ment enfanter de ces fortes de productions. A quoi penfez-vous
d'alléguer de femblables preuves ? D'ailleurs vous vous étiez propofé

(*a*) Premiers Inftituteurs de ces deux Journaux.

de prouver, que des Contes fi plats & fi extravagans, ne font point le fruit de cette faculté de l'ame, & il ne s'agiſſoit pas de ſçavoir s'ils ſont aiſés ou difficiles à inventer. En ſecond lieu, pourquoi avoir mis à la tête du Chef-d'œuvre, dont il s'agit, l'apoſtille ſuivante, *Cette Diſſertation a été lûe à l'Académie Françoiſe* ? Eh ne voit-on pas aſſez que ce ne peut être que l'Ouvrage de quelqu'un de mes dignes ſucceſſeurs ? Je vous avoüerai auſſi que loin de reſtraindre, comme vous faites, la ſignification du terme d'*Ouvrage d'imagination*, j'aurois envie de l'étendre en votre faveur, & d'appeller, ſinon vos Poëſies, du moins vos Diſſertations, de véritables Ouvrages d'imagination ; tant la ſorte d'éloquence qui y regne eſt éloignée des régles peſantes, triviales & ennuyeuſes de l'ingrate dialectique.

Je me rapelle à ce ſujet avec plaiſir, mon cher Moncrif, votre ingénieuſe Fable, où vous introduiſez ſur la ſcene l'*Imagination* & une *Muſe*. De mauvais critiques trouveront à redire, que vous ayez perſonifié un être metaphyſique tel que l'Imagination ; comme ſi l'autorité de M. de la Motte ne devoit pas vous ſuffire. Pour moi je voudrois qu'on fît un Roman, dont les principaux Acteurs ſeroient Demoiſelle Imagination, Dame Memoire & Don Jugement. Ces trois perſonnages idéaux pourroient être ſéparement repréſentés par trois ſubſtances Phyſiques, Piron, Lenglet, d'Olivet.

Que Chaulieu eſt plat quand il veut parler galanterie ! Je ne ſçais comment il peut avoir des Partiſans. A-t-il jamais rien fait de comparable à la petite Piéce ſuivante, que vous avez intitulée *La précaution inutile* ?

EPIGRAMME.

Qu'une erreur qui l'abuſe
Fait ſouffrir nos cœurs !
Peut-*elle* s'offenſer des éloges flatteurs
Dont la verité fait l'excuſe ?
Peut-*elle* en éclairant ces lieux
Ne pas lire dans tous les yeux
Les éloges qu'*elle* refuſe ?

Et moi, quand je lis des vers ſi bien tournés, je reconnois mon ſang. Quelques Ames ſtupides ne trouvent pas cependant de juſteſſe

dans le titre de cette Piéce charmante. D'autres prétendent qu'elle
est entortillée, & veulent me persuader qu'il y a avant les deux premiers vers une lacune qui renferme le nominatif de la phrase : mais
je leur prouve le Livre à la main que rien ne les précede. Quelques-
uns n'aiment pas non plus que le second vers soit de cinq syllabes :
ils disent que si c'est une parodie de quelque air, il falloit en avertir
le Lecteur. Plusieurs enfin trouvent nouvelle & impolie cette façon
de parler d'une Belle, sans lui donner de nom ni vrai ni supposé,
& sans la désigner autrement que par *elle, elle, elle*.

En revanche la Critique n'a pû mordre sur votre *Epitre Morale
à Domitille*, qui commence ainsi :

> A deux beaux yeux que n'ont point effacés
> Même les yeux de Barbarine,
> A deux sourcils que l'Amour a tracés,
> A des cheveux que de leur main divine
> Sur un front enchanteur les Graces ont placés,
> Salut, encens, honneur, triomphes, jours de fêtes.

Jours de Fêtes à deux sourcils & à des cheveux, voilà ce qu'on
appelle de la Poësie, & un souhait des plus galans & des plus rares
qu'on ait jamais faits. Que ce début est heureux pour une Epitre
Morale !

Quel tour, quelle finesse d'expression dans les vers suivans,
tirés de votre ingénieuse Fable sur la naissance de Mademoiselle
Barbarine !

> Depuis qu'à la beauté s'unissent les talens,
> Qui des goûts délicats obtint mieux le suffrage,
> Tant de vœux, tant d'amours sur ses pas enchaîna,
> Fût à la fois plus coquette & plus sage,
> Que la jeune Barbarina ?

Je ne cherche pas ici à vous flatter ; mais en vérité il n'est rien
de plus beau ni de plus fort que l'idée que vous donnez de Mademoiselle Barbarine, qui *enchaîne des vœux sur ses pas*. La con-
struction de ces vers a aussi quelque chose d'élégant & de poëtique.
Comme on a fait *L'esprit de Fontenelle*, je ne doute pas que quelque
distillateur obligeant, dont l'espoir d'obtenir une place Académique excitera le zéle, ne mette aussi votre esprit à l'alambic, & n'en
donne une précieuse quintessence. Ce sera un spécifique merveil-

leux , dont tout bel efprit ne manquera pas de refpirer les vapeurs , lorfqu'il voudra tempérer fon imagination allumée.

La preuve qu'il n'y a que les mauvais Poëtes, les petits génies, qui daignent affervir leurs vers au joug de la rime , c'eft que vous dites dans un de vos couplets ,

> A fa mere , étant déja grande,
> La pauvre Alix ,
> A deux genoux un jour demande
> Son Alexis.

Alix, *Alexis !* Dès que Belleau, Baïf, Ronfard, Colletet, Theophile & Boiffat notre Confrere, eurent lû pour la premiere fois ce couplet, quoi qu'ils fçuffent rimer, ils exprimerent leur admiration par des battemens de mains , & un brouhaha , tels qu'on n'en avoit jamais entendus ici. Que quelque envieux dife à préfent que vous endormez les vivans par vos Ouvrages : fi cela étoit (ce que je fuis bien éloigné de croire) n'en feriez vous pas dédommagé par la gloire de réveiller ainfi les morts ?

Parmi les vingt petites Piéces qui compofent le Recüeil court & précieux de vos Poëfies diverfes, il n'y en a point qui m'ait plû davantage que votre *Priére à l'Amour*, qui finit ainfi :

> Que l'efprit eft peu néceffaire ,
> Quand le talent eft d'imiter !
> Il ne faut pas grand art pour faire
> Un portrait, qu'on ne peut flatter.

Ces deux penfées ont à mon gré une jufteffe admirable. Qu'eftce que *le talent d'imiter* ? Moins que rien. L'efprit eft de trop pour y reüffir. Cette remarque que j'avois faite il y a long-tems , m'a conduit à méprifer Boileau, Fenelon, &c. parce que ces Ecrivains fe font furtout attachés à former leur goût fur les Ouvrages de certains Auteurs de l'Antiquité. Mon Dieu que vous êtes heureux de ne pas fçavoir le Latin (*a*) ! Confultez fur-tout la Fontaine , il vous fera bailler comme moi. Eft-ce avoir de l'efprit que de ramper fur les traces de la nature ? Le vrai génie, l'efprit fublime confifte à envelopper une penfée triviale fous le voile d'une expreffion

_____

(*a*) Quoique M. Moncrif travaille au Journal des Sçavans, il ne fçait pas plus de Latin que S. Amant & Bourfaut.

énigmatique, à prodiguer les faux brillans , les traits finguliers , &
tout ce qu'on peut imaginer de plus éloigné de la nature, & fur-
tout à faire échoüer la pénétration du Lecteur le plus attentif,
contre l'ingénieufe tournure d'une phrafe élégamment ténébreufe.
Mais pourquoi vous rappeller cette définition du bel efprit, vous
qui la juftifiez fi bien par vos Ouvrages?

> Il ne faut pas grand art pour faire
> Un portrait qu'on ne peut flatter.

Penfée neuve! J'avois toujours entendu dire, que plus une fem-
me étoit belle , & plus il falloit d'art pour repréfenter fidelement
toutes fes graces , & attraper la perfection de fes traits : au lieu que
le plus chetif barboüilleur en fçait affez pour flatter une laidron.

Vous voyez par le choix que je fais des endroits les plus frappans
de vos Poëfies, que j'ai le goût toujours fûr. O, que je ne reffemble
pas à ce Peintre de l'Antiquité, qui ayant pris le Paon en averfion,
ne laiffoit jamais voir que fes pieds, lorfqu'il le repréfentoit auprès
de Junon! Il feroit à la vérité impoffible de vous joüer un pareil tour ;
vos *Oeuvres* n'ayant rien de défectueux, ni même de commun.
Quoiqu'il en foit, je n'ai fait ici qu'étaler avec complaifance &
avec admiration quelques belles plumes de votre fuperbe queuë.

La Comédie des Abderites dont vous êtes Auteur, eft un Ouvrage de Poëfie qui dans fon genre ne le cede pas aux Piéces dont
je viens de rappeller quelques traits. Les Comédies de Moliere
faifoient rire , celles de la Chauffée font pleurer. La vôtre ne fait
ni rire ni pleurer. Je trouve qu'il faut bien de l'art pour pouvoir,
à l'exemple de Theognis (*a*), tenir l'ame des fpectateurs dans
une apathie parfaite , fans lui permettre de fe livrer au moindre
mouvement de trifteffe ou de joye.

Ce qui me paffe , c'eft que quelques perfonnes ne foient pas fen-
fibles aux beautés fans nombre qui brillent dans vos Ecrits.
Dernierement il arriva ici une ame très-maligne, qui nous apporta
de l'autre monde quelques brochures où vous êtes fort maltraité (*b*).
Que ces plates Critiques ne vous découragent pas : elles ne vous

---

(*a*) Poëte Grec, qui étoit fi froid dans fes Piéces de Theatre , qu'il en fut furnom-
mé Χιὼν, c'eft-à-dire , Poëte de neige.
(*b*) Lettre fur les derniers Difcours prononcés à l'Académie Françoife , Lettre à Madame
de * * *. &c.

ont

ont fait aucun tort parmi nous, & à l'exception d'une petite cabale d'Ombres mifantropes, à la tête de laquelle font Boileau & Roufſeau, votre mérite eſt ici généralement reconnu, & vous y êtes attendu avec la plus vive impatience. Quel charmant ſpectacle offrira à nos yeux cette ame ſi pure, ſi fine, ſi déliée, lorſqu'elle ſera débarraſſée de ſa bourgeoiſe enveloppe ! Je m'imagine déja vous voir ici, tantôt papilloner joliment autour de l'Ombre d'une Ducheſſe ; tantôt faire aux Ombres aſſemblées des diſcours ſi ſublimes, qu'ils échapperont à leur intelligence ; tantôt enfin marcher glorieuſement ſur mes traces, & ceindre votre front de quelques couronnes fannées qui ſeront tombées de ma tête.

Je voudrois que vous viſſiez, mon cher Moncrif, avec quel zéle je deffends ici vos intérêts. Duſſai-je paſſer les bornes d'une Lettre, il faut que je vous raconte à ce ſujet ce qui m'eſt arrivé. Je me promenois ſeul l'autre jour dans un de ces agréables boſquets dont les champs Elyſées font embellis, lorſque j'apperçus une Ombre couchée au pied d'un arbre, qui dormoit profondement. Je m'approche d'elle en chantant ces ingénieux couplets, dont vous avez depuis peu régalé le Public,

> La fille à cette barbarie
> Bien fort pleura.
> Au Couvent de Sainte-Marie
> On l'enferma.
> Là pendant trois ans éperduë,
> Elle a gémi,
> Sans avoir un inſtant la vûë
> De ſon ami.
>
> ✳✿✳
>
> Un jour (quelle malice d'ame!)
> La mere a dit,
> Alexis a pris une femme
> Sans contredit :
> Et puis lui montrant une lettre,
> Lui dit, voyez,
> Il vous écrit, c'eſt pour permettre
> Que l'oubliez. (a)

J'avois beau chanter ; l'Ombre ne ſe réveilloit pas. D'une main

(a) Oeuvres mêlées, p. 250.

B

elle foutenoit fa tête renverfée, & appefantie par le fommeil. L'autre main étoit étenduë, & paroiſſoit avoir laiſſé échapper un petit Livre entr'ouvert. Autour d'elle étoient de gros tas de volumes in-4°. & quelques feüilles manufcrites que le vent faiſoit voltiger. J'eus d'abord la curioſité de voir ce que c'étoit que ces Manuſcrits. Ils avoient pour titre *Obfervations fur le Dictionnaire de l'Académie Françoife, où l'on fait voir que la feule lettre A renferme plus de 150 fautes effentielles.* Au-deſſous de ce titre on liſoit ce vers de Phedre ,

Hunc emendare , fi tamen poffum , volo.

Je parcourus à la hâte quelques-unes des Remarques. Je vis avec plaifir que c'étoient bagatelles ; car il ne s'agiſſoit que d'omiſſions , de fauſſes définitions , de mots cités comme François , & qui ne le font pas , d'expreſſions ſi baſſes , qu'elles font à peine connuës aux Halles , & d'une infinité d'autres Remarques ſemblables. Je jettai enſuite les yeux fur le petit volume qui me paroiſſoit bien imprimé. Quelle fut ma furprife , lorſque je reconnus votre dernier Ouvrage ! Je fecoüai alors ſi rudement l'Ombre , que je la réveillai , lui repréſentant qu'il n'étoit pas naturel de dormir , lorſqu'on avoit un tel Livre auprès de foi. Eſt-ce ma faute , me dit-elle , d'une voix languiſſante , comme une perfonne qui fe reveille en furfaut , eſt-ce ma faute ſi ce Livre m'a endormi ? Qu'eſt-ce que la diftinction fur quoi roule la Préface ? A ces mots elle baille , s'étend , & me met à la main votre Livre.

Je l'ouvre auffi-tôt à l'endroit de la Préface , & je lis ce que j'avois tant de fois admiré , cette folide diftinction que vous faites entre deux fortes d'Ouvrages , fçavoir : 1°. *Les grands Ouvrages qui ne donnent pas lieu de démêler les principes & le caractere de leurs Auteurs comme le Poëme dramatique , les grandes Hiſtoires.* 2°. *Les Ouvrages fur la foi defquels on eſt aſſuré de connoître le caractere & les principes de ceux qui les ont compofés , comme les petits vers , les Hiſtoires fabuleufes , les Traités de Morale & de Philofophie* (a). Je me recüeillis un inftant , & après avoir férieufement médité fur cette diftinction , je foutins qu'elle étoit neuve & très-ingénieufe. Et moi , reprit l'Ombre , je prétends , qu'elle eſt contraire à la raifon. N'a-t-on pas vû des Auteurs qui fe font peints dans de grands Ouvrages ? Mezeray n'a-t-il

_____

(a) Préface , page VIII. & fuivantes.

pas fait voir son esprit dur & satyrique, le P. Daniel sa politique complaisance, Corneille l'élevation de son esprit & la noblesse de ses sentimens, l'Abbé Fleury sa sagesse & la douceur de ses mœurs, M. Rollin son zéle pour le bien public ? Mais, lui répondis-je , à juger d'Euripide par ses Tragédies , ne sembleroit-il pas qu'il fut l'ennemi le plus déclaré des femmes ? Il en avoit cependant deux. Aussi, repartit l'Ombre, je suis bien éloignée de croire que les Poëmes Dramatiques, non plus que les longues Histoires & les autres grands Ouvrages , dévoilent infailliblement le caractere & les mœurs de ceux qui les ont composés. Je crois au contraire que s'ils sont toujours l'image de leur esprit , ils ne le sont que rarement de leur cœur. Convenez donc, insistai-je, que les bouquets à Iris , les *Conseils à Themire* , les Madrigaux, les Romans sont des miroirs plus fidéles, & qu'à la faveur de ces petites compositions, *on lit bien plus aisément dans l'ame d'un Auteur* (*a*). Dites , reprit l'Ombre , qu'elles font appercevoir la force, la délicatesse ou la platitude de son génie & de son style ; mais ce sont de mauvaises lunettes pour lire dans son ame. Quoi, ajouta-t-elle, quand un Ecrivain aura rassemblé dans un Recüeil un petit nombre de Piéces telles que celle-ci ,

> Plus inconstant que l'onde & le nuage,
> Le tems s'enfuit ; pourquoi le regretter ?
> Malgré la *pente volage*
> Qui le force à nous quitter,
> En faire usage
> C'est l'arrêter. (*b*)

on pourra sur de semblables fadaises rimées, décider des principes d'un Auteur ? Un malhonnête homme comme un homme de bien, pourvû qu'ils soient tous deux médiocres versificateurs, ne peuvent-ils pas enfanter de semblables Ouvrages ? Et puis qu'est-ce que ce bizarre assortiment que fait votre Auteur , des Traités de Morale & de Philosophie avec les Epigrammes, les Histoires fabuleuses & d'autres semblables sornettes ? Comme si des Ouvrages d'un genre si opposé devoient procurer à leur Auteur la même sorte de gloire. C'est mettre dans la même Classe Ciceron & Martial, Montagne & Marot , Nicole & Rousseau.

(*a*) Préface, p. viii.
(*b*) Oeuvres mêlées, p. 257.

Après avoir dit brufquement ces dernieres paroles, l'Ombre fe
retourna ; & en voulant rapprocher fous fon coude quelques-uns
des volumes qui l'environnoient, il y en eut un qui s'ouvrit par
hazard. Sur le champ, comme s'il en fut forti une vapeur foporifi-
que, elle ferma les yeux, & fa tête appefantie fit un mouvement
ordinaire à ceux qui fentent les approches du fommeil. Cette cir-
conftance me fit plaifir ; car je conclus de-là que, malgré le préjugé
de l'Ombre, ce n'étoit point votre petit Ouvrage qui l'avoit endor-
mie ; mais plutôt quelqu'un de ces gros Livres. Quoiqu'il en foit,
elle alloit retomber dans un fommeil auffi profond que celui d'où
je l'avois déja tirée, fi m'approchant de fon oreille, je ne lui euffe
crié de toutes mes forces, que quand même votre diftinction ne
feroit pas fort jufte, du moins donnoit-elle lieu à des Remarques
ingénieufes. Sans cette heureufe idée, dis-je, l'Auteur auroit-il
pû placer dans fa Préface fes réfléxions fi modeftes, fur la *jaloufie
qu'excitent les grands talens, & fur le bonheur qu'il a de n'y être
point expofé ?* (*a*) Auroit-il jamais trouvé une occafion auffi favo-
rable de gronder le Public, de fes *dégoûts bizarres pour certains Auteurs*, qui ayant fait quelques bons Ouvrages, font apparemment
incapables d'en produire de médiocres (*b*) ? Sans cette diftinction
enfin fçauroit-on que le plus grand inconvénient qu'attire une
haute réputation, eft qu'un *excellent Auteur eft expofé à voir paroître
fous fes enfeignes de mauvais Ouvrages qu'il n'a point faits* (*c*) ?
   Le Public en eft fans doute la dupe, reprit l'Ombre, comme il le
fut, lorfque, dans le deffein de décrier Defpreaux, vous publiâtes
fous fon nom une Satyre, dont vous convîntes avec le fameux
Traiteur Mignot qu'il envelopperoit fes bifcuits, pour faciliter la
vente de l'un & de l'autre (*d*). Eh ! de grace, M. l'Abbé, ajouta-
t-elle, en baillant & en fe frottant les yeux, laiffez-moi dormir,
& ne me parlez pas davantage de la Préface de votre Auteur. Ce
n'eft qu'un tiffu de mauvais paradoxes (*e*), un galimathias. Je
fentis vivement le trait piquant qu'elle avoit lâché contre moi.
Cependant comme je ne fongeois qu'à deffendre votre gloire, un
galimathias, dis-je ! Rien au contraire n'eft plus clair. Y a-t-il, par

(*a*) Pref. p. x.
(*b*) Ibid p. xi.
(*c*) Ibid. p. xiii.
(*d*) Ce fait eft rapporté par Broffette.
(*e*) *Contorta & aculeata fophifmata.* Cic. Ac. quæft. L. IV.

exemple, la moindre obfcurité dans cette propofition ? *Le principal fruit qu'on doit naturellement fe promettre des Ouvrages de l'efprit, eft de fe procurer une vie agréable* (a). Il faut avoüer, reprit l'Ombre, que M. Moncrif joüe de malheur. Il eft intelligible une fois en paffant, & il faut que ce foit pour avancer une propofition rifible. M. l'Abbé, continua-t-elle, que le defir de fe procurer une vie agréable, fait faire de mauvaifes actions & de mauvais Ouvrages! Ne fçavez-vous pas que tel fut l'objet des Poëfies de Faret, de Pelletier & de.... Auffi, repliquai-je en l'interrompant, étoient-ce des Auteurs du premier ordre qui avoient beaucoup d'efprit, & qui en connoiffoient le véritable ufage. Pardonnez ma diftraction, repartit l'Ombre, j'oubliois que je parle à M. l'Abbé Cotin. C'eft grand dommage, ajouta-t-elle avec un fouris mocqueur, que les Ecrivains du Port Royal & tant d'autres ayent ignoré l'ufage qu'on doit faire de l'efprit & des talens. Ils croyoient, les pauvres gens, qu'un Auteur devoit avoir pour principal objet l'utilité, l'inftruction, ou du moins l'amufement de fes Lecteurs. Bon Dieu, qu'ils étoient fimples de prétendre éclairer le monde, & de travailler de bonne foi au progrès des Sciences & des Arts! Les petites douceurs de la vie ne font-elles pas plus intéreffantes pour un Auteur, que l'inutile fuffrage de la poftérité ? Point d'ironie, repris-je avec impatience : quel mal y a-t-il à recüeillir certains avantages attachés à la profeffion de bel efprit ? On fe faufile dans *la bonne Compagnie*: on fe fait par d'honnêtes foupleffes de puiffans Patrons : on amufe par des entretiens affaifonnés d'une galanterie abftraite : de tems en tems on hazarde de petites productions, des *Romances*, des *Stances*, des *Fables*, des *Enigmes*, &c.

Il eft vrai, repartit l'Ombre, que tout cela eft fort innocent : il eft vrai auffi que la conduite dont vous parlez, non-feulement procure les douceurs de la vie, mais qu'elle conduit même à l'emblematique *Immortalité*. Vous m'entendez. Ce n'eft pas le mérite unique qui donne l'entrée dans l'Académie Françoife. Ce brillant Lycée, ajouta-t-elle, reffemble en quelque forte à un Manége, que je me repréfentois tout à l'heure dans mon fommeil. Je vais vous dire mon fonge.

Après avoir erré le long d'une Riviere, femblable à la Seine,

(a) Préface, p. ix.

je me trouvai tout à coup transporté dans le Palais du Soleil. Quoiqu'il me parût tout de feu , je distinguois la justesse des proportions ,
& j'admirois les pompeuses colonades. Pourquoi, disois-je en moi-
même , le comble de ce Palais n'est-il pas achevé ? Cependant les
foibles yeux d'un mortel ne pouvant en soutenir long-tems l'éclat ,
je songeois à en sortir, lorsque je rencontre à la porte un grand
homme qui avoit un foüet à la main. Son habit étoit bigarré de
différentes couleurs. Sa physionomie me parut assez spirituelle. Je
reconnois ici , lui dis-je , le superbe Temple du Dieu , dont la
nature ressent les bienfaits , qui est adoré des humains, & dont
l'éclat efface tous les astres jaloux de sa splendeur. Mais dites-moi,
je vous prie, où sont ses chevaux ? Outre ceux qui sont attelés à
son char, me répondit-il en assez mauvais François, on en ras-
semble ordinairement ici quarante , & c'est moi qui ai le soin de
les faire entrer & sortir aux heures convenables. En disant cela,
il m'ouvre la porte d'un Manége assez spacieux. Et à quoi bon ces
quarante Coursiers , répondis-je ? Servent-ils de relais à *Eoüs*,
Pyroïs , *Æthon* & *Phlegon* ? Non , répliqua-t-il , ils ne servent à
rien : on les entretient dans ce lieu , plus pour le faste que pour l'utilité : ils ne portent ni ne tirent ; on les promene seulement avec osten-
tation : ceux que vous voyez qui sont ornés de rubans , n'y font que
rarement voler la poussiere : remarquez comme ceux-là brillent par
leur encolure, & la richesse de leur harnois garni de plaques d'argent
semblables à des jettons : c'est grand dommage que la plûpart n'ayent
point de bouche : ils sont aussi insensibles à l'éperon : plusieurs vont
pesamment le trot, quoiqu'ils soient tous exercés aux courbettes : ils
s'abreuvent d'une eau très-douce : leur litiere est composée de lauriers
secs , & leur élégante écurie n'exhale qu'une odeur d'encens.

Piqué de la malice avec laquelle l'Ombre m'avoit débité son
rêve, je la quittai. Cependant comme j'étois curieux de sçavoir quels
étoient ces gros volumes qui l'avoient plongée dans un sommeil si
profond, j'en ouvris quelques-uns , sans qu'elle s'en apperçut. Que
je fus étonné , lorsque je vis qu'ils avoient pour titre ; *Discours prononcés à l'Académie Françoise !* Ce fut une énigme pour moi, jamais
Livre n'ayant été plus intéressant, plus amusant, plus instructif.

On m'a dit, mon cher Ami, que vous travailliez à donner une
nouvelle Edition de ce précieux Recüeil. Cette entreprise est digne

de vous. N'oubliez pas d'y ajouter une Table , qui offre d'un coup
d'œil, par des renvois exacts, les deux ou trois cens mille manieres
diverfes de marquer fa joie & fa reconnoiffance , éparfes dans ce
grand nombre de volumes. Je vous confeille auffi de mettre à la
tête de chaque difcours de reception de courtes Remarques, où
vous rendrez compte de quelques-uns des motifs qui ont déterminé
l'Académie dans fon choix. Rien ne fera plus curieux. Mais ne
vous avifez pas de dire , que l'un a été reçu précifement pour la douceur de fes mœurs , l'autre à caufe de fa nobleffe , ou par rapport à
fes grands emplois, celui-ci pour avoir ridiculifé l'Académie même,
celui-là pour des Ouvrages dont il n'eft pas le pere : cela ne feroit
pas convenable. Vous pourrez dire cependant , que l'ingénieux
beaux féxe fe dédommage d'être exclus de ce Temple de Mémoire,
par le droit qu'il a juftement acquis , d'en ouvrir ou d'en fermer la
porte à fon gré.

Je ne puis , Monfieur , finir cette Lettre , fans vous marquer la
haute idée que m'a fait concevoir de vos talens votre Differtation
contre la Critique. Nous nous rencontrons toujours dans notre
maniere de penfer. Quelle différence de l'heureux fiécle où vous
brillez , avec celui où j'eus le malheur d'être étouffé! De mon tems la
Critique effrontée marchoit à vifage découvert , & fon char impor-
tun éclabouffoit fans diftinction tous les Auteurs. De-là tant de
Poëtes crottés. Aujourd'hui la modefte Critique eft profcrite , ou
eft réduite, pour fubfifter, à courir les ruës en mafque , & à racro-
cher les paffans à la faveur des ténébres.

Vous avez bien fait fur-tout , en vous déchaînant contre la Critique en général , de défigner en mots couverts , un Ecrivain dont
la plume s'eft exercée aux dépens de tant d'autres. Pourquoi s'eft-
on contenté de lui *fermer la bouche* ? Quoiqu'il ait donné des éloges mandiés à vos *Moyens de plaire* , j'aurois voulu qu'on l'eut traité
comme Nicomede, Roi de Cypre, traita Stratonique (*a*). Paffe
encore pour M. Burlon de la Bufbaquerie, Auteur des *Jugemens
fur quelques Ouvrages nouveaux.* C'eft un Ecrivain accommodant :
il communique les extraits qu'il fait aux Auteurs mêmes , & il
les modifie à leur gré , avant que de les faire imprimer. Quelle
complaifance (*b*) !

(*a*) Il le fit empoifonner pour fes mots picquans (*Athenée.*)
(*b*) Voyez le t. 11, *des Jugemens* , p. 63. & 64.

Une chofe qui m'étonne, eſt qu'on ait pû goûter les *Obſerva-*
tions ſur les Ecrits Modernes. Quoique je n'aie nulle expérience dans
ce genre d'écrire, il me ſemble que je brocherois en un quart-d'heure
un extrait tel que pluſieurs qu'on y trouve. Par exemple, ſi j'avois
à rendre compte de vos *Oeuvres mêlées,* voici comme je m'y pren-
drois :

Après avoir fait l'éloge de votre eſprit & de vos talens, je vous
conſeillerois d'abord avec une extrême politeſſe, d'étudier l'orto-
graphe, attendu votre qualité d'Académicien François, & de ne
plus écrire, par exemple, *embelir* avec une ſeule *l,* le ſubſtantif
maintient avec un *t* à la fin, &c. Le Livre de M. Moncrif, dirois-
je, fourmille de ſemblables fautes trop ſouvent répétées, pour qu'on
les regarde comme des fautes d'impreſſion.

Je citerois enſuite quelques fautes de langage où vous êtes tombé. P. 99. »Il en eſt ſouvent de l'imitation au ſujet de l'eſprit,
»comme de certaines *adoptions* qui regardent la figure.» Que cette
phraſe ſent le galimathias ! (c'eſt le Journaliſte qui parleroit ainſi.)
P. 175. »Ce n'eſt donc jamais que *ſur parole* qu'ils s'ennuyent. «
Pour dire, ſur la foi des mauvais Critiques. P. 249. »*Un jour*
»la mere *a dit.* » Le prétérit défini eſt un contre tems en cet
endroit.

Je rappellerois après cela quelques-unes de vos penſées un peu
inintelligibles, par exemple, celle-ci, P. 297. »Il y a des génies
»qui ſe manifeſtent en s'emparant des eſprits qui contribuent aux
»progrès de l'eſprit même; qui ſont animés d'une paſſion conſtante
»pour l'eſprit en général, ſans preſque aucun retour ſur la portion
»d'eſprit qu'ils ont eux-mêmes. »

Mais pour ne pas ennuyer davantage mon Lecteur par de ſemblables minucies, je paſſerois au fond de l'Ouvrage. Suppoſons
qu'à l'ouverture de vos *Oeuvres mêlées,* je ſois tombé ſur la petite
Diſſertation, qui a pour titre : *Qu'on ne peut, ni ne doit fixer une*
langue vivante; voici les Morceaux que j'en aurois cités, & les
Réfléxions que j'y aurois jointes.

1°. P. 80. *Les mots nouveaux ſont d'autant plus ſecourables pour la*
compoſition des Ouvrages d'eſprit, qu'ils ne naiſſent en quelque ſorte que du
progrès de l'eſprit même. A meſure que nous acquerons des lumieres, ou que
nous embraſſons de nouvelles vûes, il eſt naturel que l'art de la parole
s'étende.

s'étende. Nous avons donc moins de vûës, moins d'esprit, moins de lumieres, que nous n'en avions il y a deux cens ans ; car nous avons appauvri notre langue en rejettant un grand nombre de mots expressifs & harmonieux. (Lisez Amyot & Montagne.)

2°. M. Moncrif dit P. 83. *Que les mots ausquels on attribuë une étenduë qu'ils n'ont pas, sont des expressions inutiles & vicieuses !* Et il avoit dit P. 81. que *c'est une marque du progrès de l'esprit, que de prendre dans une signification plus étenduë, ou même nouvelle, certains termes usités.* Qu'il s'accorde avec lui-même. Il cite pour exemple d'une extension défectueuse, l'expression *badiner quelqu'un*, & pour exemple de l'extension qui est la preuve du progrès de l'esprit, le mot *misérable*, qui a trois significations. On dit en effet un homme *misérable*, pour dire un homme dans la misere ; un *misérable* signifie un homme sans honneur ; & lorsqu'on veut désigner quelque chose qui est mauvais en tout genre, on se sert de la même épithete, par exemple, on dit *une Dissertation misérable.* Sans paroître y toucher, je glisserois ainsi un petit mot contre vous. Puis je continuerois.

3°. *Quant aux expressions bannies du langage*, dit M. Moncrif, P. 87. *la Poësie préférée pendant un certain tems, aux autres productions de l'esprit, a rejetté les mots qui auroient mal sonné dans un vers ; & ces mots ayant pris un air suranné, les Ecrivains en prose n'ont plus osé en faire usage.* Mais *sourdir, affinement, Pierides, redonder, odoreuses*, &c. sont-ce des mots durs à l'oreille ? Ne sont-ils pas plus harmonieux qu'*enfraindre, desordre, caractere* & une infinité d'autres mots semblables, dont se servent nos meilleurs Auteurs ? M. Moncrif auroit dû attribuer au caprice, à l'usage, & à une délicatesse mal entenduë, la suppression d'un grand nombre de nos anciens mots.

Multa renascentur quæ jam cecidere, cadentque
Quæ nunc sunt in honore vocabula.

Un mot de Latin, sur-tout un petit passage d'Horace, donne du relief à un extrait.

4°. M. Moncrif dit P. 90. *Qu'on dégrade les Auteurs en relevant dans leurs Ouvrages quelques fautes grammaticales ;* & un peu plus bas, *que les régles suffisent pour bien écrire.* Deux absurdités qui n'ont pas besoin d'être réfutées.

C

5°. *Quant aux expreſſions devenuës licentieuſes* , continuë-t-il , P. 93. *il ne faut que ſe rappeller quatre vers de Corneille , dont les Ou-vrages ſeront immortels à tout autre égard.* M. Moncrif ne dit pas ce qu'il veut dire, ou ce qu'il penſe eſt ridicule, ſçavoir , qu'à l'exception de ces quatre vers licentieux , tout dans Corneille eſt digne de l'immortalité.

6°. *L'uſage* , dit l'Auteur, P. 94. *à le définir ſelon l'idée qu'on s'en forme communément, eſt une eſpéce d'énigme , qui reſſembleroit à un portrait des modes au ſujet des ajuſtemens, une ſorte d'habitude dont l'objet eſt variable.* Je trouve la choſe définie, c'eſt-à-dire, l'uſage, beaucoup plus claire que la définition. Qu'eſt-ce qu'*une énigme qui reſſemble à un portrait des modes au ſujet des ajuſtemens ?* Des eſprits vulgaires regardent cela comme du fin galimathias. Je citerois enſuite ce paſſage de Montagne : *Comme aux accoutre-mens* , dit - il , *c'eſt puſillanimité de ſe vouloir marquer par quelque façon particuliere & inuſitée, de même au langage la recherche des phraſes nouvelles & des mots peu connus, vient d'une ambition ſotte & puerile.*

Quand une langue vivante , ajoute M. Moncrif, *eſt devenuë aſſez féconde pour ſervir heureuſement à compoſer des Ouvrages dans tous les genres, il ſemble que ſi l'on pouvoit alors la garantir de toute varia-tion , ce ſeroit la perfectionner.* Peut-on dire , que fixer une choſe dans l'état où elle ſe trouve, ce ſoit la perfectionner ? C'eſt ſeulement empêcher qu'elle ne s'altere.

Je ferois voir enſuite que ce que vous avancez ſur les inconve-niens qu'entraîneroient des Auteurs claſſiſſe dans notre langue, eſt dépourvû de juſteſſe, & que vous vous êtes efforcé de combattre l'opinion de Deſpreaux & de M. l'Abbé d'Olivet , ſans la com-prendre. Puis j'inſinuerois qu'il faut avoir recours à l'Ouvrage même , pour débroüiller toutes les penſées fines qu'il renferme. Bien entendu qu'après avoir donné au commencement de mon Extrait une haute idée de votre Recüeil, du moins à ceux qui n'entendent rien à l'ironie, le Lecteur intelligent ne pourroit ſe diſpenſer de conclure à la fin de mes Remarques, que c'eſt un Livre pitoyable. Je terminerois enfin mon Analyſe, en obſervant que vous ſemblez avoir manqué votre vocation, & qu'avec les grands talens que vous avez pour imaginer de frivoles diſtinctions, & pour répandre l'obfcurité fur tous vos difcours, vous auriez bien dû préférer la pouffiere de l'Ecole au limon du Parnaffe. J'aurois peut-être tourné cela un peu plus finement. Quoiqu'il en foit, voilà mon Extrait plus qu'ébauché.

Dieu me garde de faire ainfi le métier de Journalifte! En vérité de pareilles Critiques font-elles dignes de l'attention du Public, & n'a-t-on pas eu raifon de les fupprimer? Déformais, il va donc régner un efprit de charité, & de bénignité dans la République des Lettres. Les jours des Auteurs feront filés d'or & de foye.

Pour affurer ce bonheur parfait, il ne fuffit pas d'avoir mis le Cenfeur univerfel hors de combat, d'avoir arraché du Parnaffe ce funefte épouvantail : je voudrois que l'Académie Françoife fongeât férieufement à réprimer l'audace de certains Ecrivains furtifs, qui fans l'aveu de la Cenfure Royale, foumettent à la leur nos difcours Académiques, & font affez infenfés pour prétendre ridiculifer aux yeux du Public les Académiciens, parce qu'ils ne font autre chofe que fe loüer réciproquement. Michel Pfellus a fait l'Eloge de la Puce, Majoraggius celui de la Boüe, Lucien & Pirckmeir celui de la Goutte, Galiffard & Phavorin celui de la Fiévre-quarte, Jean Bruno celui du Diable, Daniel Heinfius & Pafferat celui de l'Ane; & après cela, les fçavans Académiciens François ne pourront pas faire mutuellement le leur? Quelle injuftice! Déterminez-les, je vous en conjure, à prévenir ces Critiques de contre-bande. Je fçais que c'eft le ferpent qui ronge la lime. N'importe. La grandeur d'ame de ces Mignons des Mufes, de ces Chevaliers de la République des Lettres, les rend trop indulgens. Quoi tantôt on les repréfentera comme d'avides Jettoniers (a), eux qui font fi défintéreffés? Tantôt on les comparera indécemment aux filles de l'Opera (b), eux qui dans leurs difcours font en poffeffion de fe comparer au Soleil, & qui fe piquent d'éclairer la Littérature, comme cet Aftre éclaire l'Univers? Tantôt enfin on traitera d'*auguftes cohües* ces brillantes Affemblées, qui reffemblent bien plutôt à une efpéce d'Empyrée, où favourant à longs traits les délices de l'*Immortalité*, on chante à perte d'haleine des louanges

(a) Lettre d'un Bourgeois.
(b) Lettre fur les derniers Difcours prononcés à l'Académie.

fines & melodieufes. Engagez nos chers Confreres à fortir de leur
affoupiffement. Il y va de notre gloire commune. Je vous exhorte
auffi, mon cher Ami, à continuer de me prendre pour guide dans
la carriere des Lettres. C'eft le moyen de remplir l'Univers de votre
nom, de l'étonner de votre mérite, & d'étendre votre réputation,
non-feulement au-delà des mers ; mais même au-delà du Cocyte.
Et moi par un jufte retour, je continuërai de vous infpirer, afin
de répandre fur vos Ouvrages les agrémens de mon Style & la dé-
licateffe de mon goût.

On ne peut être, &c.

www.ingramcontent.com/pod-product-compliance
Lightning Source LLC
Chambersburg PA
CBHW060712280326
41933CB00012B/2405